ÉLOGE HISTORIQUE

DE

M. J. SÉDAINE,

PAR CONSTANCE D. T. PIPELET;

Lu, par l'Auteur, à la 54ᵉ Séance publique du Lycée des Arts, le 30 Messidor an 5.

SE TROUVE

Chez DESENNE, galleries neuves, au Palais-Égalité.

Et au Lycée des Arts, Jardin-Égalité, chez le Concierge.

———

1797.

ÉLOGE HISTORIQUE
DE SÉDAINE.

MICHEL-JEAN SÉDAINE naquit à Paris le 4 juillet 1719, d'une famille honnête et estimée. Dès sa première enfance, on remarqua en lui cette sensibilité profonde, cette aptitude à s'instruire, qui sont la source de toutes les grandes qualités. Un de ses oncles, pour cultiver ces heureuses dispositions, le mit de bonne-heure à portée de faire d'excellentes études : mais cet oncle mourut ; des évènemens malheureux bouleversèrent entièrement la fortune de Sédaine le père : ne pouvant plus subsister à Paris, il sollicita et obtint un petit emploi dans le fond du Berry, et partit, emmenant avec lui ses deux fils, dont Sédaine étoit l'aîné.

Quoique le jeune Sédaine n'eût alors que treize ans, ce ne fut pas sans la plus vive douleur qu'il se vit forcé d'interrompre le cours de ses études : il en versa plus d'une fois des larmes en secret : mais le sort lui réservoit des épreuves plus cruelles. Son père, loin de ses amis et d'une partie de sa famille, ne put supporter son changement d'état et de position ;

il se livra à une mélancolie profonde, qui ne tarda pas à le conduire au tombeau, et le jeune Sédaine se trouva seul, sans secours, sans famille, dans un pays qui n'étoit pas le sien. Cette situation étoit cruelle ; cependant elle l'affectoit bien moins que la perte qu'il venoit de faire. La nature avoit mis en lui le germe de toutes les vertus, mais principalement de cet heureux oubli de nous-mêmes, qui nous rend insensibles à nos propres malheurs, pour nous laisser tout entiers à ceux des autres. Après avoir rendu les derniers devoirs à son père avec cette piété filiale qui part toujours d'une ame pure, inquiet sur le sort de sa mère qui étoit restée à Paris, Sédaine se décida à l'aller retrouver. Il paya dans une voiture publique la place de son jeune frère; et, n'ayant plus que dix-huit francs pour toute fortune, il suivit la voiture à pied. La saison étoit rigoureuse : craignant pour son frère, il se dépouilla de sa veste, et le força de s'en revêtir, et intéressa tellement les voyageurs par cette action touchante, qu'ils obtinrent du conducteur de lui donner une place sur le siége pour achever sa route.

Il est certains traits qui à eux seuls caractérisent un homme, et semblent, pour ainsi dire, dérouler le tableau de son existence aux yeux du spectateur. Celui que je viens de citer est de ce genre. Il n'est personne qui, après avoir vu Sédaine s'exposant lui-même pour soulager son frère, ne se le représente, arrivé à Paris, devenu, par son travail et son active sensibilité, le soutien de sa mère et de ses frères : ce fut en effet ce qui arriva. Le père avoit été architecte ; le fils devint tailleur de pierres, et ce fut en exerçant ce pénible métier, qu'à force de soins et de fatigues il parvint à assurer à sa famille une existence honnête. Cependant, quelque mérite qu'il eût alors, il y a loin de là à la carrière d'auteur dramatique dans laquelle Sédaine va bientôt se distinguer. Mais la nature ne connoît pas ces sortes de distances. Quand elle a assigné une place à l'homme de génie, elle semble ne lui faire rencontrer des obstacles que pour mieux lui donner le sentiment de ses propres forces. Sédaine étoit né avec l'amour des Lettres, et ses malheurs n'avoient pas dû le lui faire perdre : c'est dans l'infortune qu'on sent plus que jamais le besoin de s'occuper. L'homme heureux dépense sa vie sans s'en appercevoir : le malheureux l'emploie pour en alléger le fardeau. Sédaine, entraîné d'ailleurs par un ascendant secret, ne négligeoit aucune occasion de se livrer à l'étude ; il y donnoit tous les momens qu'il pouvoit dérober au travail ; et, tandis que ses camarades se reposoient, il développoit son jugement et enflâmoit ses esprits par la lecture de nos meilleurs Auteurs classiques. C'étoit un spectacle vraiment singulier qu'un jeune mâçon lisant Horace ou Virgile dans leur propre langue. Aussi M. Buron (1), entrepreneur de bâtimens , pour qui Sédaine travailloit , en fut-il vivement touché : il ressentit pour lui cet intérêt pressant qu'inspire tout homme qui cherche vraiment à s'instruire ; et, pour lui en faciliter les moyens, il le tira de l'état de simple artisan, et se plut à l'associer à ses travaux.

Dans quelque position qu'il se trouve, un homme d'esprit fait tout mieux qu'un autre. Sédaine s'acquit bientôt dans son nouvel emploi la confiance de M. Buron et de plusieurs autres personnes. De tailleur de pierres , il devint Maître-mâçon; et, profitant de cet heureux changement arrivé dans sa fortune , il rechercha l'amitié de quelques gens de lettres, et commença même à s'annoncer par des poésies fugitives.

Déja il étoit connu par plusieurs chansons pleines d'esprit et de sel , quand une Dame de province le pria de lui faire passer quelques nouveautés littéraires. Il trouva plaisant de lui envoyer un de ses propres ouvrages, et fit à cette intention son *Epitre à son Habit*,

____

(1) Ayeul de David , peintre.

qui est une des jolies productions que nous ayons en ce genre, et qui fut généralement goûtée. En effet, on y trouve à chaque vers une critique fine, exprimée avec une grâce et une gaîté peu communes. Le refrain principalement en est resté dans toutes les bouches. Il n'est personne qui n'ait senti plus ou moins l'influence d'un bel habit, et dans ce moment-ci sur-tout, il en est beaucoup qui pourroient s'écrier avec Sédaine :

» O mon habit ! que je vous remercie !
» C'est vous qui me valez cela.

Cependant le nouvel Auteur ne recueilloit point le fruit de ses travaux ; il ne s'étoit pas nommé : des Journalistes tronquerent et imprimerent son Epitre : on fit plus, on l'attribua successivement à plusieurs gens de lettres.

Sédaine continua pendant quelque tems de garder l'anonyme ; mais se trouvant un jour à dîner chez M. Lecomte, ancien Lieutenant-criminel, il fut tellement choqué qu'on lui soutînt à lui-même que son ouvrage étoit d'un Mousquetaire, qu'on lui nomma, qu'il s'en déclara hautement l'auteur. Cette connoissance acheva de lui mériter l'estime de M. Lecomte qui savoit apprécier les Lettres, et qui prenoit à lui un véritable intérêt. Il sentit la nécessité de le laisser tout entier à la littérature, et il lui offrit non-seulement de le loger chez lui et de l'y recevoir comme son propre frère, mais encore de le seconder dans les soins qu'il prénoit de sa famille. Cette proposition étoit un hommage trop flatteur aux talens de Sédaine, pour qu'il dût s'y refuser. Il l'accepta, sans cependant abandonner entièrement son état d'architecte qui lui assuroit son indépendance. Et voilà enfin l'homme de lettres affranchi de ces embarras pécuniaires qui sont une peine pour tous ceux qui les éprouvent, mais qui deviennent un véritable fléau pour l'homme de génie.

Quel est le sage, l'être sensible, qui en voyant ainsi Sédaine ramené, pour ainsi dire, à sa véritable place, n'éprouve pas une admiration et un attendrissement involontaires ? Quel est l'orphelin, l'homme à talent ignoré, le malheureux enfin qui ne sente pas, à ce récit, un rayon d'espoir se glisser dans son ame ? Oui, croyons qu'il est une justice protectrice qui veille sur l'honnête homme ; et, si quelquefois elle nous semble se démentir, n'en accusons que nos foibles regards qui ne peuvent pénétrer jusqu'à elle. C'est par la conviction de ces grandes vérités, que Sédaine conserva toujours son ame dans une assiette tranquille. Il avoit reçu sans foiblesse les coups de la fortune ; il reçut ses bienfaits sans étonnement, et n'en profita que pour donner plus d'aisance à sa famille et plus de

tems à ses travaux littéraires. Lié depuis long-
tems avec Vadé, qui étoit alors en vogue par
la franchise et la gaîté de ses ouvrages, il pro-
fitoit des qualités et des défauts de son ami.
Vadé, peintre fidèle de la nature, la montroit
quelquefois sous un aspect plus vrai que déli-
catement choisi : Sédaine, sans s'en écarter
davantage, sentit bientôt la nécessité de subs-
tituer l'expression naïve à l'expression trivia-
le : il se fit dès-lors un genre à lui qu'il n'a
jamais abandonné, et sur lequel j'aurai plus
d'une fois occasion de revenir en parlant des
nombreux ouvrages dont il a enrichi notre
Scène.

Le premier, tiré du Théâtre Anglais, fut *le
Diable-à-quatre*, opéra-comique en trois actes, mêlé d'arriettes et de vaudevilles, représenté pour la première fois sur le théâtre de
l'Opéra-comique, en 1756. Monnet, alors di-
recteur de ce spectacle, étoit venu lui-même
trouver Sédaine et lui proposer de travailler
pour son théâtre. En peu de tems la pièce fut
faite, lue, reçue et jouée avec un succès qui
étonna jusqu'à son Auteur même.

Dans cette pièce, un Magicien mécontent
d'une Marquise insolente et acariâtre qui le
reçoit mal, et content de la femme d'un savetier, qui l'accueille, leur fait prendre en ap-
parence la forme l'une de l'autre. Ce prétendu

changement entraîne des méprises et des situations fort plaisantes, et cet ouvrage, quoique le premier que Sédaine ait donné au théâtre, n'est pas certainement une de ses moins bonnes productions.

Encouragé par l'heureux succès de cette tentative, il commença à s'occuper sérieusement de son talent. Il suivit les théâtres, observa les hommes, mûrit son jugement et s'affermit dans cette connoissance profonde du cœur humain, qui devroit être la première étude de tout Auteur dramatique. Cependant il fut quelques années sans rien produire de nouveau. Un Auteur sage craint plus de faire le second pas que le premier. Il a alors une réputation à conserver, à augmenter, et ce n'est qu'en tremblant qu'il s'avance dans une carrière où les chûtes même coûtent tant de soins et de peines. Sédaine n'éprouva point ce désagrément : son *Blaise le Savetier,* dont le célèbre Philidor composa la musique, fut représenté en 1759 avec un succès égal à celui du *Diable-à-quatre.*

Peu de tems après il donna au même théâtre l'*Huître et les Plaideurs*, puis les *Troqueurs dupés ; le Jardinier et son Seigneur*, qui eut du succès ; *on ne s'avise jamais de tout* (1),

______

(1) Cette pièce fut le premier ouvrage de Sédaine, dont Monsigni composa la musique ; cet artiste célèbre

qui en eut encore davantage, qui fut joué, par ordre de la cour, à la comédie Italienne, et qui devint, même par-là, une des principales causes de la réunion de ce spectacle à celui de l'Opéra Comique. Enfin, dans l'espace de cinq ans, Sédaine avoit fait représenter six pièces, qui presque toutes étoient restées au théâtre, ce qui n'est pas une chose peu remarquable.

Ces ouvrages sont si connus, et Sédaine en a fait un si grand nombre qu'il seroit impossible et même inutile d'en faire ici une analyse suivie. Il est des auteurs dont, en pareil cas, il faudroit faire valoir les moindres productions : avec lui au contraire on est forcé de se restreindre, parce qu'on auroit trop à louer. C'est par la même raison que je ne surcharge pas cet éloge de ces complimens exaltés, nécessaires à la médiocrité, en faveur de qui l'on veut intéresser, mais presque toujours insuffisans pour le génie, qui brille de son seul éclat. L'éloge d'un auteur est dans ses succès : celui d'un honnête homme est dans ses actions ; et le simple récit des uns et des

---

n'a pas moins de mérite dans son genre que Sédaine en avoit dans le sien. Il y a même entre leurs talens une sorte d'analogie qui a dû nécessairement contribuer aux nombreux succès qu'ils ont obtenus en travaillant ensemble. (Voyez l'almanach des théâtres.)

autres est le plus digne hommage qu'on puisse offrir à la mémoire d'un grand homme. Je continue donc ce récit.

Sédaine, sûr de son talent, se livra sans réserve à sa facilité naturelle. Elle étoit vraiment surprenante. En trois nouvelles années il enrichit le répertoire de la comédie Italienne de quatre nouvelles pièces : *le Roi et le Fermier*, *l'Anneau perdu et retrouvé*, *Rose et Colas*, *et les Sabots*; mais ce qu'on aura peine à croire, c'est que *Rose et Colas*, cet ouvrage intéressant, que, depuis trente-quatre ans, on voit toujours avec un nouveau plaisir, ne réussit complettement qu'après la septième représentation. Une chose qui paroîtra plus surprenante encore, c'est que *le Philosophe sans le savoir* éprouva le même sort.

Mais c'est ici l'instant de m'arrêter et de parler de cette pièce qui, comme ouvrage sérieux, en cinq actes, et dénué du secours de la musique, est une des bâses les plus solides de la réputation littéraire de Sédaine.

Il disoit souvent qu'*il falloit être au moins un an à faire le plan d'une pièce ; mais qu'on pouvoit n'être qu'un mois à l'écrire*. Ce fut ainsi qu'il composa *le Philosophe sans le savoir*.

Une jeune fille qui demeuroit dans sa maison et qui s'intéressoit à lui, sans s'en douter elle-même, lui fournit le personnage de *Vic-*

torine. On sait combien ce caractère répand d'amabilité sur le fond de ce sujet vraiment pathétique. C'est un des grands mérites de Sédaine, que cet art d'opposer une situation douce à une situation pénible , et de faire par ce moyen, reposer le cœur, pour lui donner après une plus forte secousse. Une qualité qui le caractèrise encore, c'est cette connoissance parfaite de la scène, qui le rend, pour ainsi dire, maître absolu des sensations du spectateur. Dans ses ouvrages , tout paroît amené naturellement : rien ne détruit l'illusion. Les évènemens les plus terribles , comme les plus heureux, y semblent une suite nécessaire de ce qui les a précédé; aussi ne ressemblent-ils pas à ces productions éphémères qui naissent et meurent avec la mode, qui seule les a fait valoir. Ils plaisent et plairont toujours, parce qu'ils peignent la nature, et que la nature ne varie pas : mais c'est dans *le Philosophe sans le savoir* qu'il a principalement développé ses plus grands moyens théâtrals. Il le composa dans le jardin de M. Lecomte, chez qui il demeuroit toujours, et il se plaisoit souvent à répéter que ces momens étoient ceux où il avoit le mieux travaillé. Un jour, entr'autres, l'illusion le gagna tellement que, s'imaginant être ce père infortuné qui s'évanouit en entendant les trois coups fatals qui lui annoncent la mort de son fils, il s'évanouit lui-même. Il conserva même pendant quelque tems un mauvais état de santé, fruit de cette émotion excessive. Ceci rappelle ce propos de Montaigne sur l'imagination : *chacun, dit-il, en est heurté ; d'aucuns en sont renversés.* Il auroit pu ajouter : les auteurs plus que d'autres.

.. Cependant la pièce étoit achevée. Sédaine, qui sentoit qu'elle étoit son meilleur ouvrage, desira, avant de la faire paroître, s'assurer du suffrage d'un homme d'un goût sûr. Il avoit la plus haute estime pour Diderot. Il pria l'abbé Lemonnier, leur ami commun, de lui ménager l'occasion de le rencontrer. Diderot, comme on le sait, avoit autant de bonhomie que de mérite. Il répondit de bonne grace aux avances de Sédaine. Un dîner les réunit ; et, comme entre gens qui se conviennent, la connoissance est bientôt faite, Sédaine, sans autres formalités, lut son *Philosophe sans le savoir.* Diderot l'écouta avec cette attention scrupuleuse que les bons esprits savent donner aux bons ouvrages. Il fit même, dans le commencement, quelques petites observations ; mais quand il eut entendu les derniers actes, enchanté, il se leva brusquement, et, embrassant Sédaine avec cette véhémence de sentimens qu'on lui connoissoit, il s'écria : « Oui, » mon ami, si tu n'étois pas si vieux, je te

» donnerois ma fille. » A quelque tems de-là le *Philosophe sans le savoir* fut représenté à la Comédie Française , et n'eut qu'un demi-succès , ainsi que je l'ai déjà dit. Diderot, aussi bon ami que bon juge , ne put laisser échapper cette occasion de prouver à Sédaine combien il s'intéressoit à lui , et, après la seconde représentation, devinant quelles pouvoient être les transes de son ami , il partit de chez lui , par une gelée terrible, vint le trouver au fond du faubourg Saint-Antoine , et, l'appercevant à sa fenêtre, lui cria : » sois tran-» quille, ils en auront le démenti ; la pièce est » bonne ; elle réussira ; et elle réussit en effet. Heureux l'Auteur qui mérite d'être aimé ainsi par un grand homme ; mais plus heureux le grand homme qui sait àimer ainsi !

Sédaine brilloit à deux spectacles. Il sentit qu'il pouvoit plus encore pour sa gloire, et fit l'opéra d'*Aline , Reine de Golconde* , dont Monsigny composa la musique. Cette pièce , outre son mérite intrinsèque, avoit du specta-cle et de brillantes décorations : aussi son suc-cès ne fut-il pas incertain. Sa pompe et le choix du sujet la firent principalement rechercher à la cour , où elle fut jouée avec le plus grand apparat.

L'Auteur, obligé alors de s'y présenter, y porta cette franchise noble et indépendante, qui caractérise le talent, et qui plaît à ceux mêmes qu'elle attaque. Aussi le maréchal de Maillebois disoit-il un jour en le quittant : *ce que j'en aime de cet homme-là, c'est qu'il ne nous aime pas.* Cependant le seul avantage que Sédaine tira de tout cela, fut de voir sa pièce jouée à Versailles. Trop fier pour demander des graces, ou pour les acheter par des flatteries, il ne participa en rien aux récompenses de la cour, et s'en revint à Paris comme il en étoit parti; mais il y trouva sa plume, son talent, ses amis et sa réputation, qui sont le véritable bonheur et la véritable fortune de l'homme de lettres.

Le fruit de ses nouveaux travaux fut *la Gageure imprévue*, comédie en un acte et en prose, tirée d'une nouvelle de Scarron, intitulée *la Précaution inutile.* Cet ouvrage aimable, qui peint avec tant de naturel et de gaîté les sottises que le désœuvrement fait faire à une jeune femme, et l'adresse avec laquelle elle les répare ; cet ouvrage, dis-je, sembloit devoir réussir complettement, et, malgré cela, il n'eut encore à la première représentation, comme le *Philosophe sans le savoir,* qu'un succès très-douteux. Je le répète, c'est une chose qui paroît d'abord étonnante que cette espèce de fatalité attachée aux ouvrages de Sédaine ; car, on peut le dire, maintenant que 40 ans d'applaudissemens d'applaudissemens ont réparé cette erreur d'un moment, plus le talent de Sédaine se perfectionna, plus le public se montra, à cet égard, injuste envers lui ; et depuis *Rose et Colas*, aucune de ses pièces n'a réussi qu'après les premières représentations. Il s'y étoit même si bien accoutumé, qu'il en rioit le premier. *Je les attends à la 60ᵉ représentation*, disoit-il un jour, en voyant le parterre mal accueillir un de ses ouvrages ; et l'ouvrage eut 60 représentations.

Cependant Sédaine avoit cherché les causes de cette défaveur passagère. Il l'attribuoit à la difficulté que les Acteurs devoient avoir à saisir, tout de suite, ce ton de simplicité qui lui étoit propre. Je crois que l'on pourroit avec plus de justice en accuser le public. La plupart des personnes qui vont au spectacle s'attendent à y voir des choses extraordinaires. Aussi les pièces à décorations, à sentimens bisarres, réussissent-elles ordinairement de prime-abord. Il n'en est pas de même, et cela doit être ainsi, de celles qui brillent principale-ment par la simplicité de l'intrigue, et la vérité des tableaux. Le mérite de la ressem-blance est bien moins frappant pour la multi-tude que celui de la nouveauté. Elle aime à être étonnée, et ce n'est qu'après un moment de réflexion qu'elle revient à la vérité simple,

B

dénuée d'emphase et de charlatannerie ; mais ce retour est immanquable. Sédaine, s'il l'eût ignoré, l'auroit appris par le succès complet qu'eut sa *Gageure*. Elle fut jouée à Paris et dans les provinces un nombre de fois considérable ; et nouvellement encore, Mlle Contat et Molé nous ont donné dans cette jolie pièce une preuve de leurs brillans talens.

La fortune sourioit à notre auteur. Il fut nommé secrétaire de l'académie d'architecture, et eut par suite le logement attaché à cette place. Il venoit de se marier. M. Lecomte n'existoit plus : cette nomination ne pouvoit arriver plus à propos ; mais comme pour un cœur bienfaisant tout devient un motif de bienfaisance, Sédaine ne profita de sa nouvelle aisance que pour répandre autour de lui ce bonheur qui semble l'apanage des âmes pures.

On l'a vu, jeune encore, devenir le soutien, le père de sa famille. On l'a vu, dans un âge plus avancé, s'acquérir l'estime générale par des talens qu'il ne devoit qu'à lui seul. Que ne puis-je le représenter maintenant dans l'intérieur de sa nouvelle famille, uni à une épouse digne de lui, bon époux, bon ami, bon citoyen, bon père ! Que ne puis-je le montrer accueillant, comme son propre fils, un artiste (1) devenu depuis justement célèbre, et dont il prévoyoit déjà les grands talens ! Que ne puis-je détailler ces actions tou-

---

(1) David.

chantes, ces traits d'humanité qui le caracté-
risoient si bien ! Mais non : la véritable gé-
nérosité, le véritable mérite craignent une
vaine ostentation de paroles. Ils aiment à se
cacher sous un voile qu'une main étrangère
ne doit pas chercher à lever. Je laisse donc
à sa famille, à ses amis, à ses obligés, le soin
de publier leur amour et leur reconnoissance,
et je vais continuer à le considérer sous un
aspect plus général.

Ses ouvrages et ses succès s'accrurent con-
sidérablement pendant l'espace d'onze ans.
Neuf opéra-comiques, dont la plupart res-
tèrent au théâtre, affermirent plus que jamais
sa réputation. *Le Déserteur, Aucassin et Ni-
colette, Félix, le Magnifique*, étoient de ce
nombre. On peut aussi mettre au rang de ses
meilleures productions *Maillard, ou Paris
sauvé*, tragédie en prose, que les Comédiens
Français avoient reçue, et qu'ils auroient
jouée, sans l'espèce de ridicule que Voltaire
jetta sur ce genre qu'il n'aimoit pas. Cette im-
probation du Chef de notre Littérature, fut
un oracle contre lequel personne n'osa recla-
mer. Cependant Voltaire savoit apprécier les
talens de Sédaine. A son dernier voyage à Paris, le rencontrant au sortir de l'Académie où
apparemment il s'étoit rappellé quelques pla-
giats littéraires, il lui dit : *Ah ! M. Sédaine,
c'est vous qui ne prenez rien à personne.—
Aussi je ne suis pas riche*, répondit celui-ci.
Répartie fine, qui donne une juste idée de son

caractère, toujours modeste, et quelquefois un peu satyrique.

Le petit revers que Sédaine éprouva pour sa tragédie de *Maillard*, ne fut pas, comme on s'en doute bien, le seul qu'il eut dans ce genre. Il faut tant de volontés réunies pour faire réussir le plus petit ouvrage, qu'un Auteur philosophe est quelquefois encore plus étonné que charmé de ses succès. Sédaine avoit fait pour l'Impératrice de Russie, qui les lui avoit demandées, deux pièces, dont une seule fut jouée. Dans l'autre il s'étoit plu tellement à dévoiler les intrigues secrettes des courtisans et des ministres, que ceux de l'Impératrice, justement allarmés, se crurent obligés d'en empêcher la représentation. Elle-même n'insista pas, et prit la chose en riant, réservant sans doute son autorité pour des sujets plus graves. *Mes ministres*, écrivoit-elle en France au baron de Grimm, *s'opposent à ce qu'on joue la pièce de Sédaine ; mais je me venge en la leur faisant lire*. Pour consoler l'Auteur de ce petit échec, elle lui envoya 20,000 liv. qui sont la seule gratification de ce genre qu'il ait reçue sous l'ancien régime ; et il est assez remarquable que deux pièces, dont une seule a été représentée, ayent valu à Sédaine, de la part d'une Cour étrangère, une récompense que sollicitoient vainement, dans sa propre patrie, plus de vingt ouvrages joués avec succès.

Quelques années se passèrent sans qu'il donnât rien de nouveau au public. Le génie a ses caprices ; mais plus il tarde à se manifester, et plus son explosion est brillante. *Richard Cœur de Lion*, donné en 1784, avec un succès éclatant, vint mettre le sceau à la gloire de Sédaine, et lui ouvrit enfin les portes de l'Académie Française.

Ce fut cependant contre l'avis de M. de Richelieu, qui protégeoit une autre personne. Il le dit durement à Sédaine, en lui demandant quels étoient ses droits à cette place. *Monseigneur*, répondit Sédaine, *comptez-vous pour rien quarante ans de probité ?* Il eût pu et dû ajouter : et de succès littéraires.

En effet, si quelques censeurs sévères lui ont reproché des négligences, disons plus, des incorrections dans le style, combien de Littérateurs distingués ne se sont-ils pas empressés de lui payer le tribut d'éloges qui lui étoit dû ? S'ils eussent réfléchi davantage, ces censeurs, ils auroient vu que les défauts de Sédaine tenoient essentiellement à ses qualités. Il est presque impossible qu'un Écrivain soit à la fois et très-fécond et très-correct ; que son style soit à la fois et très-naturel et très-élégant. Ce choix heureux d'expressions que cherche une oreille délicate, fruit d'un travail long et pénible, ne convient pas à tous les genres non plus qu'à tous les hommes. En un mot Sédaine étoit le peintre de la Nature, comme Chaulieu étoit celui des Grâces. Tous deux auroient également perdu à s'astreindre aux loix sévères de l'Art, et la postérité qui a rendu justice à l'un, ne peut la refuser à l'autre.

Le nouvel Académicien ne s'endormit pas,

comme on dit, dans le fauteuil académique. *Le Comte Albert et sa suite*, et *Raoul-Barbe-Bleue*, donnés quelques années après *Richard Cœur de Lion*, n'eurent pas un moindre succès. Enfin, *Guillaume-Tell*, dernier ouvrage que Sedaine ait fait représenter, et dont l'inimitable Gretry a fait la musique, *Guillaume-Tell* prouva au Public qu'à 72 ans, l'auteur *du Philosophe sans le savoir* et de la *Gageure*, n'avoit rien perdu de ces talens, qui lui avoient valu l'estime de tous les Littérateurs et les applaudissemens de toute la France. Quoique *Guillaume-Tell* soit la dernière pièce qu'il ait fait représenter, elle ne fut cependant pas son dernier ouvrage. Il vécut encore six ans après cette époque, et l'homme de Lettres ne peut vivre sans produire. Il fit donc, pendant cet espace de tems, quatre autres pièces, que des circonstances ont empêché de paroître, et qui seront imprimées dans le recueil général de ses œuvres.

Il y travailloit même encore, lorsque sa dernière maladie vint le saisir. Elle fut longue et pénible. Il semble qu'il y ait plus à mourir dans un homme d'esprit que dans un homme ordinaire. Ses amis conservèrent long-tems l'espoir de le sauver. Lui-même s'en flattoit et le sentoit vivement ; car il étoit trop heureux pour ne pas aimer la vie ; mais sa maladie s'augmentant de jour en jour, la guérison en devint tout-à-fait impossible. Il y succomba, le 28 floréal dernier, laissant dans le cœur de tous ses amis , non pas cette douleur bruyante qui croit avoir beaucoup prouvé quand elle a beaucoup dit ; mais ce sentiment intérieur qui s'exprime par le silence , et que le tems ni les pleurs ne peuvent affoiblir (1).

Je voudrois pouvoir décrire ici ces excellentes qualités, cette philosophie à-la-fois aimable et profonde, qui valut à Sédaine tant de succès et tant d'amis: mais il n'appartient pas à une main jeune encore , de dessiner ainsi ce patriarche de notre Littérature. C'est au grand homme à peindre le grand homme ; c'est à l'ami à peindre l'ami. M. Ducis, avec qui il étoit lié depuis un tems considérable, et qui, comme il le dit lui-même, sentoit vivement ses vertus et son génie, M. Ducis, dis-je , a publié sur lui une notice dans laquelle il s'étend principalement sur son caractère. Je crois ne pouvoir mieux finir cet éloge qu'en empruntant quelques-unes de ses expressions. » Il aimoit passionnément, dit » M. Ducis, Molière, Montaigne et Shakes- » peare ; il y trouvoit le fonds immense de » naturel, de raison, de force , de grace, de » variétés, de profondeur et de naïveté qui

____

(1) Pendant le cours de sa maladie, Sédaine éprouva une crise si violente, que le bruit se répandit qu'elle étoit sa dernière. Les journaux s'empressèrent d'annoncer sa mort. Joseph la Vallée fit insérer à ce sujet, dans le Courier de Paris, une lettre détaillée dans laquelle il se plaisoit à rendre à cet homme célèbre la justice qui lui étoit due. Par un hazard heureux , ce journal tomba dans les mains de Sédaine, et il eut le plaisir vif, et sur-tout nouveau, de recueillir lui-même les hommages que l'on rendoit à sa mémoire.

» caractérise ces grands hommes : aussi étoit-
» il né avec un sens exquis et une ame ex-
» cellente. C'étoit tout naturellement qu'il
» voyoit juste, comme c'étoit bonnement qu'il
» étoit bon. Il étoit intimément lié avec nos
» plus célèbres artistes, avec de Wailly, de
» Peyre, avec Pajou, avec Houdon. Ce sont
» eux qui avec son fils, avec David, son
» élève, ou plutôt son second fils, l'ont
» accompagné à sa dernière demeure. Il étoit
» pensif, intérieur, très-sensible, nécessai-
» rement susceptible, sans être difficile et sans
» se plaindre ; vif, mais capable d'empire
» sur lui-même ; connoissant trop les hommes
» pour compter beaucoup sur leur reconnois-
» sance et pour ne pas s'attendre à leurs in-
» justices ; mais sachant les taire et les par-
» donner ».

J'ajouterai : qu'il fut toujours à l'abri de
cette jalousie de métier, de cet orgueil exclu-
sif, fléau de la Littérature et des Littérateurs. Jeune, il fut modeste ; vieux, il fut
indulgent. Sûr de son talent, on ne l'entendit
jamais déprécier celui de personne, et jusqu'à
son dernier moment il conserva cette amabilité tranquille qui ne part jamais que d'un
cœur exempt de reproches. Il laisse après lui
une épouse vertueuse, qui, trente ans, a fait
son bonheur ; des enfans en qui l'on retrouve
la vivacité de son esprit et la candeur de son
âme, et des amis qui ne prononcent point son
nom sans respect et sans attendrissement.

F I N.

De l'imp. de Renaudiere, rue des Petits-Champs, n°. 69.